Martha A. Korkzan

Carlex
French and Spanish
Teaching Aids
1-800-526-3768

La Cena de Tío Tigre y otras Obras de Teatro para Niños

Clara Rosa Otero

Ilustraciones de
Lorenzo Romero

Ediciones Ekaré

© 1993 Ediciones Ekaré
Av. Luis Roche Edif. Banco del Libro,
Altamira Sur. Caracas, Venezuela.
Todos los derechos reservados
Edición a cargo de Verónica Uribe y Elena Iribarren
Dirección de arte y diseño: Irene Savino
ISBN 980-257-135-0
Impreso en Caracas por Editorial Ex Libris, 1993

TABLA DE CONTENIDO

7
Introducción

9
La cena de Tío Tigre

39
La mata de guayabas

51
El velorio de Tío Tigre

77
Tío Tigre y el Arriero

INTRODUCCION

En este volumen se reúnen cuatro obras de teatro con la intención de que sean representadas por los niños, ya sea con actores sobre un escenario o con muñecos en un teatrino. Pueden montarse con pocos recursos de escenografía y vestuario, porque su atractivo principal es el humor de los cuentos de Tío Tigre y Tío Conejo.

Las aventuras de Tío Tigre y Tío Conejo forman parte de los relatos más tradicionales y populares de Venezuela y el Caribe. Clara Rosa Otero escuchó las versiones de su tía Margot, en Oriente cuando era niña, y las ha repetido a lo largo de los años a sus hijos y nietos. Entre su extensa labor de adaptación de obras clásicas al teatro para niños, estos relatos de Tío Tigre y Tío Conejo destacan por el lenguaje sabroso y fluído, el encanto de los personajes y el tono humorístico de la trama.

Todas las obras presentadas en este volumen fueron puestas en escena por el Teatro Tilingo de Caracas, una de las agrupaciones más serias de espectáculos para niños en Venezuela. El Teatro Tilingo se caracteriza por la combinación de muñecos y actores, la alta calidad de sus montajes y un amplio repertorio de obras bien seleccionadas.

Las imágenes con que se ilustra la presente edición se inspiraron en la representación que de estas cuatro obras realizaron en su escuela niños de 8 a 10 años de edad. Como puede apreciarse, la aproximación es sencilla, el vestuario simple e ingenioso y la actuación, espontánea y graciosa. Así, con un mínimo de recursos, pero apoyados en un buen texto y en su imaginación, los niños pueden disfrutar la experiencia del teatro.

Son muy pocos los libros de teatro para niños que se publican en español. Esperamos que éste contribuya a llenar ese vacío y se transforme en un estímulo para que los niños, solos o con la colaboración de adultos, pasen del rol de espectadores al de actores, directores y escenógrafos.

LA CENA DE TIO TIGRE
obra en tres escenas

Personajes:
TIO TIGRE
TIA TORTUGA
TIA CONEJA
TIO CONEJO
TIA VACA
TIA LORA
TIO BURRO
TIO GATO

Tío Burro   Tía Lora   Tío Gato   Tía Vaca   Tía Tortuga

ESCENA I

(A un lado del escenario está la casa de Tía Tortuga. Es una casa bonita, con matas. Fuera de la casa hay un caney y un fogón para cocinar. Tío Tigre entra por el otro extremo.)

TIO TIGRE:

(Cantando.)

...*Yo soy un tigre feroz,*
más malo mientras más viejo;
siempre con un hambre atroz,
queriendo comer conejo.

¡Qué sueño tengo! Me gustaría dormir en una cama blanda, blandita y con muchas almohadas, en una casa chica, chiquita y muy silenciosa. En una cama y en una casa como la de Tía Tortuga. Ajá.

(Toca la puerta.)

Abra, Tía Tortuga. Soy yo, Tío Tigre.

TIA TORTUGA:

(Desde adentro.)

¿Quién es? Por favor, no moleste. ¿No leyó el letrero que hay en la puerta?

TIO TIGRE:

(Viendo el letrero.)

No Molestar. Jo, jo, jo. Usted sí es cómica Tía Tortuga. ¿Cree que está en un hotel? Y para que vaya sabiendo, yo, yo no molesto; yo exijo. Y ahora mismo le exijo que me abra la puerta.

(Toca nuevamente con más fuerza.)

TIA TORTUGA:

(Desde adentro.)

¡Pero qué grosero! ¿Quién será?

TIO TIGRE:

O me abre en seguida o echo la puerta abajo. ¡Qué caramba!

TIA TORTUGA:

(Saliendo.)

Tenías que ser tú, Tío Tigre. ¿Qué quieres?

TIO TIGRE:

Dormir. Estoy muerto de sueño.

TIA TORTUGA:
> Bien, y eso ¿qué tiene que ver conmigo?

TIO TIGRE:
> Es que me gusta tu cama, tus almohadas y tu casa chiquita y silenciosa.

TIA TORTUGA:
> ¿Mi cama? ¿Mi casa? Pero tú estás loco. ¡Qué desfachatez!

TIO TIGRE:
> No refunfuñes y déjame pasar que me estoy poniendo de mal humor.

TIA TORTUGA:
> Es que sólo tengo una cama, la mía; una casa, mi casa. ¿Cómo te las voy a dar?

TIO TIGRE:
> Dándomelas. Nada más sencillo. Y si no lo haces por las buenas... será por las malas.
>
> (Ruge.)

TIA TORTUGA:
> ¡Qué grosero! No, no, no. No te dejaré entrar.
>
> (Se coloca frente a la puerta.)

TIO TIGRE:
> (Apartándola de un manotazo y volviendo a rugir.)
> ¡Quítate del medio, vieja terca!

TIA TORTUGA:
> ¡Ayyy! Me hiciste daño, Tigre.

TIO TIGRE:
> Por terca, ya te lo dije. Y ahora, silencio, que quiero dormir en paz.
>
> (Entra a la casa de Tía Tortuga y cierra la puerta.)

TIA TORTUGA:
> Es que no puedo creer que haya alguien tan desvergonzado, tan desfachatado, tan chocante. Mi casa, mi cama...
>
> (Llora.)

Tía Coneja consuela a Tía Tortuga.

TIA CONEJA:
>(Entrando.)
>
>Buenos días, Tía Tortuga... pero ¿qué le pasa? ¿Por qué está llorando?

TIA TORTUGA:
>Usted no lo va a creer. Es algo insólito. He perdido mi casa y mi cama.

TIA CONEJA:
>Pero, Tía Tortuga, ¿qué está diciendo? Si su casa está aquí y su cama debe estar adentro.

TIA TORTUGA:
>Justamente. Adentro. Y dentro de mi cama está Tío Tigre. Ese fresco decidió que le provocaba dormir en mi casa, en mi cama y, no contento con eso, me ha botado para dormir en paz.
>(Llora.)

TIA CONEJA:
>No llore más, Tía Tortuga. Tío Tigre está muy equivocado si cree que siempre va a hacer lo que se le antoje.

TIA TORTUGA:
>¡Ayy, mi cama! ¿Usted se imagina cómo va a quedar mi cama con ese olor a tigre? ¡Fooo!

TIA CONEJA:
>Espantoso, horrible, Tía Tortuga. Vamos a ver qué se nos ocurre para sacarlo de su casa. Y de su cama.

TIA TORTUGA:
>Pero, hijita ¡qué vamos a hacer nosotras dos! Seguro que nos mataría.

TIA CONEJA:
>Déjeme ver... Ya sé. Yo conozco una persona muy inteligente que nos puede ayudar.

TIA TORTUGA:
>¿Quién? ¿Quién podrá ser? Pero no sólo debe ser inteligente; también debe ser valiente.

Tío Tigre, furioso, hace callar a Tía Tortuga y a Tía Coneja para poder dormir en paz.

TIO TIGRE:

(Asomándose.)

¡Qué mujeres tan hablachentas! No me dejan dormir. Guarden silencio y olvídense de personajes valientes. Contra Tío Tigre no se atreve nadie, ¿oyeron? ¡Nadie!

(Avanza amenazador hacia Tía Coneja.)

Pero, de todos modos, me vas a ir diciendo ya, mosquita muerta, en quién estabas pensando.

TIA CONEJA:

¿Yo? Yo... bueno... estaba pensando en... en Tío Mono.

TIO TIGRE:

¿Tío Mono? Jo, jo, jo. Tío Mono, ese infeliz. Dile a Tío Mono que lo estoy esperando y que tiemblo de susto. Jo, jo, jo. Mira cómo tiemblo. Y dile que lo voy a esperar durmiendo. Tío Mono, ¡qué ocurrencia! Y ustedes, a callarse. Quiero silencio, ¿oyeron? ¡Silencio!

TIA TORTUGA:

(Entra a la casa y da un portazo.)

¿Por qué le has dicho Tío Mono? ¿De verdad piensas en él?

TIA CONEJA:

No, Tía Tortuga. Fue lo primero que se me vino a la cabeza. Pero no es Tío Mono en quien estoy pensando. Ahora, usted se queda aquí descansando bajo esta mata, mientras yo voy a buscar a quien nos puede ayudar. Descanse y no piense más en Tío Tigre.

(Sale.)

TIA TORTUGA:

Que no piense más, eso es fácil decirlo. Que me quede tranquila. ¡No faltaba más!

(Se para y va hacia su casa. Se asoma a la ventana y habla en un susurro.)

¡Bárbaro! ¡Bandido! ¡Infame! ¡Ojalá revientes!

ESCENA 2
(Casa de Tío Conejo. Tío Conejo está trabajando fuera de su casa.)

TIO CONEJO:
>(Cantando.)
>
>*...Yo vengo de todas partes*
>*de cerca y de muy lejos;*
>*del Llano y de los Andes*
>*y me llaman Tío Conejo.*
>
>(Mira a un lado.)
>
>Hmmm. Mal síntoma. Allá viene Tía Coneja corriendo. Y no parece muy alegre. ¿Qué le pasará?

TIA CONEJA:
>(Entra. Habla jadeando.)
>
>Tío Conejo...

TIO CONEJO:
>¿Qué te pasa, conejita?

TIA CONEJA:
>...me muero...

TIO CONEJO:
>¿Cómo que te mueres, conejita? ¿Y qué puedo hacer yo, que no soy médico?

TIA CONEJA:
>...me muero...

TIO CONEJO:
>¡Auxilio! ¡Tía Vaca! ¡Tía Lora! ¡Tío Burro! ¡Tío Gato!

TIA CONEJA:
>Me muero de cansancio. ¿Por qué llamas a todos los animales?

TIA VACA:
>(Entrando.)
>
>¿Pediste socorro?

TIA LORA:
>(Entrando.)
>
>¿Pediste socorro?

TIO BURRO:
>(Entrando.)
>
>¿Pediste socorro?

TIO GATO:

(Entrando.)

¿Pediste socorro?

TIA LORA:

(Nuevamente repite como un eco.)

¿Pediste socorro?

TIO CONEJO:

¡Basta! Sí, pedí socorro, pero no pasa nada.

TIA CONEJA:

¿Cómo que no pasa nada? ¿Por qué crees que he venido corriendo a buscarte?

TIO CONEJO:

Si no me lo dices, pues no puedo saberlo.

TIA CONEJA:

Es que Tío Tigre...

TIO CONEJO:

Tenía que ser Tío Tigre...

TIA CONEJA:

...le ha quitado su casa y su cama a Tía Tortuga...

TIO CONEJO:

...como siempre haciendo barrabasadas.

TIA CONEJA:

...y la pobre vieja está llorando y no sabe qué hacer. Y lo que más la mortifica es el olor que va a quedar en su cama y su casa. ¿Se imaginan?

TIA VACA:

¡Pobre Tía Tortuga! ¡Qué olor!

TIA LORA:

¡Qué olor!

TIO BURRO:

Tenemos que ayudarla.

TIA LORA:

Ayudarla.

TIO CONEJO:

Sí, tenemos que pensar en algo.

Los animales intentan ponerse de acuerdo para ayudar a Tía Tortuga. Como siempre, Tío Gato y Tía Lora pelean.

TIA LORA:
En algo.
TIO GATO:
Ese tigre tan bruto.
TIA LORA:
Tan bruto.
TIO GATO:
¡Basta ya! No repitas todo lo que decimos.
TIA LORA:
Todo lo que decimos.
TIO GATO:
¡Basta! ¡No repitas más!
TIA LORA:
Más.
TIO GATO:
Te voy a comer.
(Le lanza un zarpazo.)
TIA LORA:
(Escapándose.)
Comerrrr... Esta lorita quiere comer.
TIO CONEJO:
No peleen, que tenemos trabajo por hacer. Comer, comer... ésa es una buena idea. Vayan todos a casa de Tía Tortuga y le dicen que le prepare un sancocho a Tío Tigre.
TODOS:
¿UN SANCOCHO?
TIA CONEJA:
¿Cómo le va a preparar un sancocho a ese sinvergüenza? Estás loco, Tío Conejo.
TIO CONEJO:
Tengan paciencia. Ya verán cómo nos vamos a divertir.
TIA VACA:
No me parece, pero si tú lo dices.

TIO BURRO:

Vamos. Si Tío Conejo dice que nos vamos a divertir...

TIA LORA:

Divertirrrr... divertirrr.

(Salen los animales con Tío Gato persiguiendo a Tía Lora. Tío Conejo queda en escena. Busca unas yerbas en el monte. Las pone en un mortero, las muele y luego pone el polvo en una bolsita.)

TIO CONEJO:

Yerbitas del monte, yerbitas de olor, sirven para todo: calentura, quebranto y penas de amor. Pero a mí me sirven para gozar, para reír y para darle a Tío Tigre una lección.

(Sale tarareando su canción.)

Yo vengo de todas partes
de cerca y de muy lejos;
del Llano y de los Andes
y me llaman Tío Conejo.

ESCENA 3

(Misma escenografía de la Escena 1. Tía Tortuga se pasea de un lado a otro. Se detiene frente a la puerta de la casa, oye los ronquidos de Tío Tigre y continúa paseándose.)

TIA TORTUGA:
> ¿Qué le habrá pasado a Tía Coneja? Tal vez se asustó y decidió no regresar.
> (Entran Tía Coneja, Tío Burro, Tía Vaca, Tía Lora y Tío Gato.)

TODOS:
> (A la vez.)
> Tía Tortuga...

TIA TORTUGA:
> (Dando un salto.)
> ¿Qué hacen? Shhhhhito. Se puede despertar Tío Tigre. ¿Y qué hacen todos aquí?

TODOS:
> Vinimos a ayudarte...

TIA TORTUGA:
> Shhhhhhhhh. Silencio. Y tú, Tía Coneja, ¿por qué tardaste tanto? ¿Encontraste al personaje inteligente y valiente?

TIA CONEJA:
> Hablé con Tío Conejo.

TIA TORTUGA:
> Ya me lo imaginaba.

TIA CONEJA:
> Y mandó a decir que usted debe prepararle un sancocho bien sabroso a Tío Tigre.

TIA TORTUGA:
> ¿Quéééé? ¿Yo, prepararle un sancocho a Tío Tigre? ¡Jamás!

TIA LORA:
> Jamás.

TIA VACA:
> Bien raro lo que pide Tío Conejo.

TIA LORA:
> Raro.

TIO GATO:
> Después de lo que le ha hecho, ¿prepararle comida? ¡No es posible!

TIA LORA:

Posible.

TIO GATO:

Cállate, lora fastidiosa.

TIO BURRO:

Pero si Tío Conejo lo pidió, por algo será.

TIA CONEJA:

Así es, Tía Tortuga. Anímese y prepare el sancocho.

TIA TORTUGA:

No me parece, pero si no hay más remedio, ¡qué le voy a hacer!

(Se dirige al fogón.)

TODOS:

¡Un sancocho! ¡Qué sabroso!

TIA TORTUGA:

Shhhhhhhhhito. ¿Estás oyendo, Tía Coneja? Van a despertar a Tío Tigre y se pondrá furioso.

TIO CONEJO:

(Entrando.)

Ajá. Se pondrá furioso, pero al final. Primero, nosotros nos vamos a divertir. Apure ese sancocho, Tía Tortuga.

(Se dirige a los animales.)

Y ustedes, practiquen esa serenata.

(Luces bajas, voces bajas. Tía Tortuga prepara la comida ayudada por Tía Coneja. Los otros animales ensayan una serenata, dirigidos por Tío Concjo.)

TIO CONEJO:

¡Qué bien huele! Ya es la hora. Que comience la serenata.

(Los animales cantan entonados, pero al final de cada estrofa, cada uno hace su ruido: el burro rebuzna, la vaca muge, etc., creando un ruido ensordecedor.)

TIO TIGRE:

(Asomándose a la puerta, furioso.)

¿Qué ruido infernal es este? Ordené silencio...

(Los animales siguen cantando como si nada.)

TIO CONEJO:

Tío Tigre, qué alegría verlo. Como nos enteramos que estaba de visita en casa de Tía Tortuga, yo y mis amigos hemos venido a darle una serenata.

TIO TIGRE:

¿Serenata? ¡No quiero serenata! ¡Quiero dormir! ¡A callar, animales!

TIO CONEJO:

No se altere, Tío Tigre. Voy a pedirle a mis amigos que vengan a saludarlo.

(Termina la serenata.)

Vengan, saluden al poderoso Tío Tigre, nuestro gran amigo y protector.

TIA VACA:

Muuuuuuuu...

TIO BURRO:

Jiiiijooooo...

TIO GATO:

Miauuuuuu...

TIA LORA:

Prrrrruaaa, pruuuuaaa...

TIO TIGRE:

(Furioso.)

¡Basta! ¡Basta! ¡Basta!

TIA LORA:

¡Basta!

TIO TIGRE:

¿Quién se atreve a burlarse de mí?

TIA LORA:

De mí.

TIO TIGRE:

Lora del carrizo.

(Le da un manotazo.)

TIA TORTUGA:

El sancocho está listo.

TIA LORA:

Listo el sancocho.

TIO TIGRE:

¿Sancocho? ¡Qué buena idea! Sírveme ya el sancocho, vieja, que tengo mucha hambre.

TIO CONEJO:

Yo mismo le serviré, Tío Tigre.

(Se acerca al fogón, saca la bolsita donde había puesto las yerbas y las echa en la olla. Revuelve la olla y sirve un plato rebosante.)

Ya está.

TIO TIGRE:

Qué hartada me voy a dar.

TIA VACA:

La comida es para todos.

TIA LORA:

Para todos.

TIO GATO:

Estoy de acuerdo.

TIO BURRO:

Yo también.

TIO CONEJO:

No, de ninguna manera, el sancocho es de Tío Tigre.

TIO TIGRE:

Correcto. Además, no pensarán que voy a compartir mi comida con ustedes.

(Come a grandes cucharadas.)

TIO CONEJO:

De ningún modo. Coma usted tranquilo, Tío Tigre, que nadie va a molestarlo.

TODOS:

Mmmmmmhhhhhmmmmm.

TIO TIGRE:

Más, sírveme más, conejo.

(Tío Conejo le sirve otro plato lleno. Tío Tigre come como un tigre mientras los otros animales miran con cara de hambre.)

Más, quiero más. Cocina sabroso esta vieja.

(Tío Conejo le sirve hasta que no queda nada en la olla.)

Bien, muy bien. Con la barriga llena, el mundo es una maravilla.

(Se para y trastabillea.)

¿Qué me pasa? Estoy mareado.

(Intenta caminar nuevamente, tropieza, da vueltas y finalmente cae al suelo.)

Me muero, me muero.

TIO BURRO:

¿Y qué le pasó?

TODOS:

¿Se murió?

TIA CONEJA:

¿Está muerto de verdad?

TIA TORTUGA:

¿Muerto? No puedo creerlo. ¿No sería mi sancocho, no?

TIO CONEJO:

Lo que se dice muerto, muerto, no está. Pero es algo parecido. Y no fue el sancocho de Tía Tortuga. Fueron mis yerbitas mágicas. Y ahora, a divertirnos. Cuando Tío Tigre vuelva en sí, pasará el susto de su vida.

(Tío Conejo cuchichea con los animales. Entran todos riéndose a la casa de Tía Coneja. Tío Conejo corre un telón que tapa la casa. En el telón hay un letrero que dice LIMBO. Tío Tigre comienza a moverse, se queja y finalmente se sienta.)

TIO TIGRE:

¿Qué me pasó? ¿Dónde estoy?

(Entran, silenciosos, los animales disfrazados de espectros.)

TIO CONEJO:

¡Uuuuuuuuuuuuuu!

TODOS:

¡Uuuuuuuuuuuuu!

TIO TIGRE:

¡Ayayayay! ¿Dónde estoy? ¿Estaré muerto?

TIO CONEJO:

Asíiiii eeeesss. Estás en el limbo.

(Señala el letrero.)

TIO TIGRE:

¿Y qué es eso?

TIO CONEJO:

El lugar donde se decide.

TIO TIGRE:

¿Se decide qué?

TIO CONEJO:

Si gozarás de las delicias del cielo o te achicharrarás en el infierno.

TIO TIGRE:

No, en el infierno, no. Yo siempre he sido un tigre muy bueno.

TIO CONEJO:

Eso lo veremos. Por ahora eres un penitente...

(Le pone un gorro de penitente.)

...y tienes que cumplir una penitencia.

TIO TIGRE:

¿Penitencia? Sí, sí. Lo que usted diga, señor fantasma.

TIO CONEJO:

Espectro.

TIO TIGRE:

Señor Espectro.

TIO CONEJO:

La penitencia se ha decidido en el Consejo de Espectros: tienes que preparar una cena para todos nosotros.

TIO TIGRE:

¿Una cena?

Tío Tigre descubre que no está en el limbo y que los animales se han burlado de él.

TIO CONEJO:
> Exactamente. Un sancocho.

TIO TIGRE:
> Ay, sancocho, no quiero saber de sancocho.

TIO CONEJO:
> ¿Cómo dice, penitente?

TIO TIGRE:
> Nada, nada, Señor Espectro. Ya mismo voy a preparar el sancocho.

TIO CONEJO:
> Ahí está el fogón y todos los ingredientes. Dese prisa.

TIO TIGRE:
> ¿El fogón?
> (Se acerca.)
> Pero si es igualito al fogón de Tía Tortuga.

TIO CONEJO:
> Menos palabras y a trabajar, penitente.
> (Tío Tigre se afana en el fogón: pela papas, pica cebollas, etc., mientras los espectros danzan a su alrededor.)

TIO TIGRE:
> ¿Quién lo diría? Todo es igualitico. Los cuchillos, los platos, las cebollas.

TIA TORTUGA:
> Igual, pero muy diferente. Seguro que usted no preparaba sancocho en la tierra.

TIO TIGRE:
> No, jamás.

TIA LORA:
> Jamás.

TIO TIGRE:

No lo puedo creer. Hasta en el limbo hay loras.

(Tío Tigre termina el sancocho. Sirve los platos y los espectros se sientan a comer. Comen y se ríen. Tío Tigre se queda aparte, al lado del fogón.)

Cómo comen y cómo gozan estos espectros. Si parecen cristianos. Es que todo es igual. El fuego, el aire, los olores. Miren, si hasta bachacos hay aquí en el limbo. ¿Y picarán los bachacos del limbo?

(Lo toca y el bachaco lo pica.)

¡Ayyy! ¡Uyyyy!

TIO CONEJO:

¿Qué le pasa, penitente?

TIO TIGRE:

Que un maldito bachaco me ha picado. Y que me está pareciendo raro este limbo.

TIO CONEJO:

Raro el limbo, raros los espectros y raro el penitente. Ay, Tío Tigre, ¡cómo nos hemos divertido!

(Se saca el disfraz, al igual que los otros animales y hacen una ronda alrededor de Tío Tigre que está furioso.)

TODOS:

(Cantando.)

Entre el tigre y el conejo
hay una gran diferencia:
el uno tiene las garras,
el otro la inteligencia.

Y es por eso que en la historia
de ayer, de hoy, de mañana,
aunque el tigre sea más fuerte
siempre el conejo le gana.

Tío Conejo   Tío Tigre

LA MATA DE GUAYABAS
obra en una escena

Personajes:
TIO TIGRE
TIA LAPA
TIO CAIMAN
TIO MORROCOY
TIO CONEJO

Tío Caimán   Tía Lapa   Tío Morrocoy

ESCENA ÚNICA

(En el escenario hay unos matorrales y una mata de guayabas. Entra Tío Tigre cantando.)

TIO TIGRE:

...Yo soy un tigre feroz,
más malo mientras más viejo;
siempre con un hambre atroz,
queriendo comer conejo.

Me encantan las guayabas. ¡Me comería todas las guayabas del mundo! Por eso, no dejo que nadie se acerque a mi mata de guayabas.

(Señala la mata.)

¡Qué ricas son las guayabas! Pero, son sólo para mí.

(Dirigiéndose a Tía Lapa que acaba de entrar acompañada de Tío Caimán.)

¿Me oyó, señora?

TIA LAPA:

(Temerosa.)

Sí, Tío Tigre... como usted diga, Tío Tigre. Siempre se hará lo que usted quiera, Tío Tigre.

TIO CAIMAN:

¡Qué tigre tan egoísta! ¿Qué se habrá creído? Voy a tratar de sacarle algunas guayabas.

(A Tío Tigre.)

Oiga, Tío Tigre, ¿no me deja comer ni una sola guayaba?

TIO TIGRE:

(Gritando.)

¡No, señor! ¡Ni una! ¡Ni media!

TIA LAPA:

Ojalá le hagan daño.

TIO TIGRE:

¿Decía, usted, señora Lapa?

TIA LAPA:

Que mañana es mi cumpleaños.

TIO TIGRE:

Y eso, ¿qué tiene que ver?

(Ruge y Tía Lapa se esconde asustada mientras entra Tío Morrocoy.)

TIO MORROCOY:

Lo que soy yo, en cuanto te descuides, Tío Tigre, me como las del suelo.

TIO TIGRE:

Pues primero te como yo a ti que tú mis guayabas.

TIO MORROCOY:

Eso no sería fácil, Tío Tigre. Por algo tengo este caparazón.

(A Tía Lapa que se ha asomado.)

Mejor será que nos vayamos. Tío Tigre está más antipático que nunca.

(Salen Tía Lapa y Tío Morrocoy. Tío Caimán los sigue. Tío Tigre los mira irse y luego se acuesta a dormir bajo la mata de guayabas. Entra cantando Tío Conejo.)

TIO CONEJO:

...Yo vengo de todas partes
de cerca y de muy lejos;
del Llano y de los Andes
y me llaman Tío Conejo.

Lo oí todo... y si a Tío Tigre le gustan las guayabas, a mí me vuelven loco. Por lo tanto... comeré cuantas quiera, pésele a quien le pesare. Yo sé cómo arreglármelas.

(Llamando a Tío Caimán.)

¡Tío Caimán! ¡Tío Caimán!

(Entra Tío Caimán.)

TIO CAIMAN:

¿Qué tal, compadre?

TIO CONEJO:

Aquí, pues, llevando a cuestas esta vida. Necesito que me ayude.

TIO CAIMAN:

Diga, que yo lo ayudo.

TIO CONEJO:

Necesito que cuando yo le avise, usted sacuda esa mata de guayabas y luego, se esconda rápidamente.

Tío Caimán menea la mata de guayabas y despierta a Tío Tigre de su siesta.

TIO CAIMAN:

¿Y para qué? ¿Se volvió loco, Tío Conejo? ¿No sabe que esa es la mata de guayabas de Tío Tigre?

(Susurrando.)

¿Y no ve que está durmiendo allí, justamente?

TIO CONEJO:

Justamente. Vamos a hacerle una jugarreta a Tío Tigre. Y de paso, comeremos algunas guayabas. ¿No le provoca, compadre?

TIO CAIMAN:

¿Echarle una broma a Tío Tigre? Claro que me provoca. Y más aún si después podemos comer guayabas. ¡Cuente conmigo!

TIO CONEJO:

Entonces, prepárese para cuando yo le avise. Ya lo sabe. Menee la mata y salga corriendo antes de que Tío Tigre lo vea.

(Observa a Tío Tigre que sigue dormido. Va a dar la orden, pero se detiene porque Tío Tigre se mueve; éste sólo se voltea, dándole la espalda al público, y sigue roncando.)

¡Ahora, Tío Caimán!

(Tío Caimán sacude la mata con fuerza. Ruido de ramas. Caen algunas guayabas. Tío Tigre despierta sobresaltado. Tío Caimán escapa.)

TIO TIGRE:

¿Qué pasa aquí? ¿Qué ruido es ése? ¿Por qué se caen mis guayabas?

TIO CONEJO:

(Fingiéndose asustado.)

¿Cómo? ¿Usted también lo escuchó? Por suerte está usted aquí... así tendré quien me ayude a salvarme. Eso que oyó fue sólo el anuncio de un huracán que desbaratará todo y se llevará por los aires a todos los animales, grandes y pequeños.

TIO TIGRE:

(Alarmado.)

¿Cómo? ¿A los animales grandes? ¿A mí, también?

Tío Tigre ordena a Tío Conejo que lo amarre a la mata para salvarse del huracán.

TIO CONEJO:

A Tío León, a Tío Oso, a la Tía Danta... y a usted también. Yo, por cierto, me salvaré porque con este mecate me voy a amarrar a esa mata y así el ventarrón no me va a llevar.

TIO TIGRE:

¿A esa mata?

(Indica la mata de guayabas.)

TIO CONEJO:

Ajá. Y apúrese, Tío Tigre. Ayúdeme a amarrarme, porque ya no queda mucho tiempo.

TIO TIGRE:

Bueno, Tío Conejo, esa mata de guayabas es mía...

TIO CONEJO:

¿Y eso? Cuando pase el huracán, usted va a desaparecer, así que apúrese.

TIO TIGRE:

(Aparte.)

¿Será verdad lo del huracán? De todos modos, tigre prevenido vale por dos.

(A Tío Conejo.)

Nada de eso, nada de eso. En todo caso, yo no voy a desaparecer, porque tú me vas a atar a mí.

TIO CONEJO:

Eso no es justo, Tío Tigre. El mecate es mío, la idea es mía...

TIO TIGRE:

Pero la mata es mía. Amárrame, te he dicho. Y ya, si no quieres que te coma antes de que llegue el ventarrón.

TIO CONEJO:

Está bien... no se enoje.

TIO TIGRE:

¡Apúrate!

TIO CONEJO:

Ya va. Y a mí, ¿quién me ayuda?

TIO TIGRE:
> Ya encontrarás a alguien. Por ahora, ¡el que se salva soy yo!
>
> (Tío Conejo ata a Tío Tigre, dándole varias vueltas al mecate.)

TIO CONEJO:
> Muévase, Tío Tigre. Haga fuerza para ver si está bien amarrado.

TIO TIGRE:
> (Trata de soltarse, pero no puede.)
>
> ¡Qué bien! ¡Me amarraste muy bien! No puedo moverme ni un poquitico.

TIO CONEJO:
> ¿Está seguro, Tío Tigre?

TIO TIGRE:
> Segurísimo.

TIO CONEJO:
> Voy a probarlo.
>
> (Le hace cosquillas.)

TIO TIGRE:
> (Riéndose contra su voluntad.)
>
> Déjame tranquilo.¡ Basta! No me hagas más cosquillas.

TIO CONEJO:
> Ahora que estoy seguro de que está bien amarrado, voy a llamar a mis amigos. ¡Tía Lapa! ¡Tío Caimán! ¡Tío Morrocoy!

TIO TIGRE:
> ¿A tus amigos? ¿Y para qué los vas a llamar?

TIO CONEJO:
> Para comernos las guayabas. ¿Para qué otra cosa iba a ser?

TIO TIGRE:
> ¡Conejo tramposo! Ya me las pagarás.
>
> (Van entrando los animales. Recogen las guayabas del suelo y las comen. Otros se empinan para cogerlas del árbol. Tío Tigre está furioso. Ruge y trata de zafarse, pero no puede. Los animales comen felices.)

TODOS:
(Cantando.)

Entre el tigre y el conejo
hay una gran diferencia:
el uno tiene las garras,
el otro la inteligencia.

Y es por eso que en la historia
de ayer, de hoy, de mañana,
aunque el tigre sea más fuerte
siempre el conejo le gana.

Tío Tigre　　　Tío Caimán　Tío Conejo　　　Tío Zorro

EL VELORIO DE TIO TIGRE
obra en dos escenas

Personajes:

TIO TIGRE

TIO RATON

TIO ZORRO

TIA RABIPELADA

TIA CACHICAMA

TIO CONEJO

TIA LAPA

TIO CAIMAN

TIO MORROCOY

TIA TIGRA

Tía Lapa   Tía Rabipelada   Tío Morrocoy   Tía Cachicama   Tía Tigra   Tío Ratón

ESCENA 1
(Aparece Tío Tigre amarrado a una mata. Está cabizbajo y parece derrotado. Entra Tío Ratón.)

TIO RATON:

(Asustado.)

¡Tío Tigre! ¿Qué le pasa? ¿Qué hace allí amarrado?

TIO TIGRE:

Estoy cogiendo fresco.

TIO RATON:

¡Qué manera tan rara tiene usted de refrescarse!

TIO TIGRE:

(Bravo.)

Así es.

TIO RATON:

Así será. Bueno, yo sigo mi camino. Adiós, Tío Tigre.

TIO TIGRE:

(Desesperado.)

¡NO! No puedes irte, Tío Ratón.

(Cambiando el tono.)

La verdad es que... es que... pasaron por aquí unos bandidos... yo me enfrenté con ellos, pero eran muchos... y... y... vino uno por detrás y... y me dio un golpe... y luego me amarraron. Eso es.

TIO RATON:

Pobre Tío Tigre. Y no se ve nada bien. Debe sentirse mal por los golpes que le dieron. ¿No quiere un vaso de agua?

TIO TIGRE:

¿Un vaso de agua? ¿Y para qué quiero yo un vaso de agua? ¡Lo que necesito es que usted me desamarre, ratón!

TIO RATON:

¿Desamarrarlo yo? Pero si está muy bien amarrado. Estos nudos están demasiado apretados y yo soy un animal pequeño, Tío Tigre.

TIO TIGRE:

¡Pequeño o grande, no me importa! Yo, lo que quiero es que me desamarres. ¡Pero ya!

TIO RATON:
>Está bien, está bien. No se ponga bravo. Veré lo que puedo hacer.
>
>(Intenta desamarrarlo, pero lo hace lentamente.)
>
>¡Qué nudos tan apretados! No sé si podré soltarlo.

TIO TIGRE:
>¿Cómo que no sabes? ¡Suéltame de una vez!

TIO RATON:
>Ya va. Ya va. No se desespere.
>
>(Termina de soltarlo y se va corriendo.)
>
>¡Adiós, Tío Tigre!
>
>(Tío Tigre se queda solo, rugiendo y paseándose furioso.)

TIO TIGRE:
>Tengo que encontrar la manera de acabar con ese maldito conejo. ¡Lo odio! ¡Me va a volver loco! ¡Ya estoy loco!
>
>(Entra sigiloso Tío Zorro.)

TIO ZORRO:
>Nunca había visto tan enojado a Tío Tigre. Esta vez debe haberle pasado algo muy grave. ¿Qué sería? Intentaré averiguarlo.
>
>(Se dirige a Tío Tigre con cautela.)
>
>¡Salud, Tío Tigre! ¡Salud, don Tío Tigre!

TIO TIGRE:
>(De mal talante.)
>
>¿Qué se le ofrece?

TIO ZORRO:
>He oído sus rugidos, Tío Tigre, y pensé que podría necesitar mis servicios. Usted sabe muy bien que yo soy su amigo.

TIO TIGRE:
>Problemas, problemas. La vida sólo le trae problemas a la gente importante como yo.

TIO ZORRO:
>¿Problemas? ¿Qué tipo de problemas? Tal vez yo pueda ayudarlo.

Tío Tigre le cuenta a Tío Zorro cómo lo engañó Tío Conejo.

TIO TIGRE:

Bueno, ya sabes, es ese miserable conejo. Tengo que hacer algo para vengarme. ¡Otra vez se ha burlado de mí!

TIO ZORRO:

¿Y cómo fue eso?

TIO TIGRE:

Inventó que un furioso huracán nos llevaría a todos. Incluso a mí, que soy tan fuerte. Entonces, lo obligué a que me amarrara bien apretado a mi mata de guayabas para que el viento no me llevara. ¡Ay, Tío Zorro! Todo era mentira... y ese conejo traidor se aprovechó de que yo estaba indefenso para comerse las guayabas de mi árbol preferido.

TIO ZORRO:

(Aparte.)

¡Qué tío tan bruto!

TIO TIGRE:

¿Decía...?

TIO ZORRO:

Nada, nada.

TIO TIGRE:

Ay, compañero, no podré vivir en paz hasta no ver a ese miserable conejo inmóvil y tendido.

TIO ZORRO:

¿Inmóvil y tendido?

TIO TIGRE:

Ajá. Eso dije.

(Tío Zorro mira a lo lejos, pensativo. Tío Tigre lo sacude.)

¿Y a usted qué le pasa que se ha quedado como embobado?

TIO ZORRO:

(Saliendo de su ensimismamiento.)

Ah, Tío Tigre, es que a usted se le ha ocurrido una idea admirable... ¡Genial! Como todas las suyas, por supuesto.

TIO TIGRE:

Por supuesto. Y... por cierto... ¿qué idea fue esa que se me ha ocurrido?

TIO ZORRO:

¡Inmóvil y tendido! Es una maravilla de idea.

TIO TIGRE:

Ya, ya. Pero explíqueme bien cuál es la idea.

TIO ZORRO:

¿Yo explicarle a usted? Pero qué dice, Tío Tigre. Demasiado sabe usted que si se tiende y permanece inmóvil, podrá engañar a Tío Conejo.

TIO TIGRE:

Ah... me tiendo... me quedo inmóvil. ¿Que me haga el muerto dice usted?

TIO ZORRO:

Exactamente Tío Tigre. Se hace el muerto y...

TIO TIGRE:

¡Me hago el muerto! ¡Eso es! Tío Conejo me ve... se acerca, para ver si es cierto... y yo... ¡Zuas! Adiós, Tío Conejo.

TIO ZORRO:

Exactamente eso es lo que haremos. ¡Qué gran inteligencia la suya!

TIO TIGRE:

Bueno, bueno...

TIO ZORRO:

(Aparte.)

Este tío será feroz, pero inteligente, ni pensarlo.

TIO TIGRE:

¿Decía, Tío Zorro...?

TIO ZORRO:

Nada, nada.

TIO TIGRE:

Pues no perdamos más tiempo y vamos a prepararlo todo.

TIO ZORRO:
>Tiene razón. Vamos a trabajar. Antes que nada, usted tiene que irse a su casa y hablar con Tía Tigra. Le cuenta el plan y comienzan a preparar la casa para el velorio. Mientras tanto, yo me quedo aquí regando la noticia de su muerte. Y luego, me voy a su casa para terminar los arreglos.

TIO TIGRE:
>Perfecto. Yo, muerto. ¡Qué idea la mía! Hasta pronto, Tío Zorro.
>
>(Sale Tío Tigre. Tío Zorro se pasea.)

TIO ZORRO:
>Bien, muy bien. Veremos si mi plan funciona. Ahí viene el primer vecino.

TIA RABIPELADA:
>(Entra haciendo ejercicios.)
>
>Un, dos; un, dos.
>
>(Mira a Tío Zorro.)
>
>¿Qué le pasa, Tío Zorro? Parece muy triste.

TIO ZORRO:
>¡Ay, Tía Rabipelá! ¿No sabe la noticia? Se murió Tío Tigre. Esta noche es el velorio.

TIA RABIPELADA:
>¿Muerto Tío Tigre? ¡Qué terrible noticia, Dios mío! ¿Y cómo está Tía Tigra?

TIO ZORRO:
>Dcsolada.

TIA RABIPELADA:
>No es para menos. Pobrecita. No había en el mundo otro como Tío Tigre.

TIO ZORRO:
>No había otro.

Entra Tío Conejo cantando y bailando.

TIA CACHICAMA:
>(Entrando.)
>
>Por aquí sí, por aquí no; por aquí mismito llegaré yo.
>
>(Mira a Tío Zorro y a Tía Rabipelada.)
>
>Y a ustedes, ¿qué les pasa? Tienen cara de funeral.

TIA RABIPELADA:
>Justamente. De un funeral se trata. ¿Cómo lo adivinó? Usted debe tener una exquisita sensibilidad.

TIA CACHICAMA:
>Ya está esta rabipelá con sus cursilerías. ¿Qué le pasa? ¿Se volvió loca?

TIO ZORRO:
>¿No sabe la noticia? Lo que pasa es que Tío Tigre estiró la pata y esta noche es el velorio. No se lo pierda.

TIA CACHICAMA:
>¿A qué hora dijo que era la fiesta?

TIA RABIPELADA:
>¡Cómo que fiesta! Qué falta de respeto.

TIO CONEJO:
>(Entra cantando.)
>
>*...Yo vengo de todas partes*
>*de cerca y de muy lejos;*
>*del Llano y de Los Andes*
>*y me llaman Tío Conejo.*

TIA RABIPELADA:
>Shhhh... Cállese, Tío Conejo.

TIO CONEJO:
>Adiós, cará. ¿Qué le pasa a ésta? ¿Se puede saber por qué no puedo cantar?

TIA RABIPELADA:
>Ha sucedido una terrible desgracia. Ha muerto Tío Tigre, el grande, el furioso, el bravísimo Tío Tigre.

TIO CONEJO:
>Adiós, cará.

TIA RABIPELADA:
>¿Eso es todo lo que tiene que decir? Le repito que se murió Tío Tigre y todos estamos de duelo.

TIO CONEJO:
>De duelo estará usted que le encanta un velorio. Por mi parte, si es verdad que se ha muerto, pues, estoy feliz. Ya nadie me perseguirá. ¡Soy libre! Pero dígame, ¿de dónde sacó la noticia, señora?

TIA RABIPELADA:
>Señorita, si me hace el favor. Tío Zorro nos trajo la triste noticia.

TIO CONEJO:
>Mmmmhhhmm...Tío Zorro es muy zorro. ¿Será verdad?

TIO ZORRO:
>Tío Conejo, esta noche es el velorio. No deje de ir y así se convencerá.

TIO CONEJO:
>Seguro que iré. El velorio de Tío Tigre no me lo pierdo por nada del mundo. ¡Qué gozadera!

TIA RABIPELADA:
>¡Es el colmo! ¡Qué falta de respeto! ¡Es increíble las cosas que hay que oír!

TIO CONEJO:
>Qué rabipelá más cursi...

TIA CACHICAMA:
>Así mismo es.

TIO CONEJO:
>Tío Tigre, muerto. Es que no puedo creerlo.
>(Sale cantando.)
>
>*Yo vengo de todas partes*
>
>*de cerca y de muy lejos;*
>
>*del Llano y de los Andes*
>
>*y me llaman Tío Conejo.*
>
>(Salen Tía Rabipelada y Tía Cachicama.)

TIO ZORRO:
> Este conejo cayó en la trampa. La cosa marcha mejor de lo que me esperaba. No sólo cazaremos conejo esta noche... porque tendremos muchos invitados desprevenidos. ¡Y allí vienen otros!
> (Entran Tía Lapa, Tío Caimán y Tío Morrocoy. Tío Zorro suspira.)
> Ay, qué terrible desgracia. Qué suceso tan infortunado.

TIA LAPA:
> ¿Qué le ocurre, Tío Zorro? ¿Podemos ayudarlo en algo?

TIO ZORRO:
> Es que lo que ha pasado no tiene remedio.

TIO MORROCOY:
> Díganos al menos de qué se trata. ¿Qué puede ser tan espantoso que no tenga remedio?

TIO ZORRO:
> La muerte, amigos, la muerte.

TIA LAPA:
> ¡Ave María! ¿Y quién se murió?

TIO ZORRO:
> Es algo terrible, ya les dije. Ha muerto Tío Tigre. ¡Qué dolor!

TIO CAIMAN:
> ¿Y ésa es la noticia? Dolor será para usted que era su compinche, pero habrá más de uno contento por ahí.

TIA LAPA:
> ¿Y cómo se murió?

TIO ZORRO:
> Verá usted, de repente se quedó inmóvil y tendido.

TIO CAIMAN:
>(Pensativo.)
>
>Inmóvil. Tendido. ¿Quién lo iba a pensar? Yo lo ví esta mañana por el río y se veía muy sanito. ¿Cómo fue entonces que de repente se quedó inmóvil y tendido? Hmmmm... Aquí como que hay gato enmochilado.

TIO ZORRO:
>No dejen de ir al velorio esta noche. La Tía Tigra está desolada.

TIA LAPA:
>Claro, ahora no tendrá con quién pelear.

TIO MORROCOY:
>Por supuesto que iremos. Ya me pongo en camino.

TIO ZORRO:
>(Alarmado.)
>
>¡Pero si es esta noche!

TIO MORROCOY:
>Eso queda muy lejos y a mí no me gusta andar con apuros. Me voy de una vez para llegar a tiempo.

TIO ZORRO:
>Pues yo también me voy.

TIA LAPA:
>Adiós, Tío Zorro. Nos vemos esta noche.
>
>(Sale Tío Zorro y entra Tío Conejo cantando.)

TIO CAIMAN:
>¿Sabe la noticia, compadre?

TIO CONEJO:
>Ajá. Ya me contó Tío Zorro.

TIO CAIMAN:
>¿Y a usted le parece que?

TIO CONEJO:
>Habrá que verlo.

TIO CAIMAN:
>Entonces, ¿usted va al velorio?

TIO CONEJO:
>¡Yo sí voy!

ESCENA 2
(Casa de Tío Tigre. Tía Tigra y Tío Tigre discuten.)

TIO TIGRE:
   Ya te dije, mujer, que he resuelto morirme.

TIA TIGRA:
   Y yo ya te dije que estás loco. ¿Qué es eso de resolver morirse? ¿Estás enfermo, acaso?

TIO TIGRE:
   No me entiendes. No entiendes lo que te digo: he resuelto morirme porque...

TIA TIGRA:
   Además, resuelves cosas y no me consultas.

TIO TIGRE:
   Es una idea que tuve, una idea brillante.

TIA TIGRA:
   Ya veo, muy brillante.

TIO TIGRE:
   Yo ya voy a conseguir el cajón y tú ponte a buscar flores, porque esta noche hay velorio.

TIA TIGRA:
   ¿Velorio?

TIO TIGRE:
   Velorio y fiesta, mujer. Velorio y cena, mujer. Velorio y conejo, mujer.

TIA TIGRA:
   Pues primero me explicarás. Porque no conseguiré ni una margarita antes de saber de qué se trata.

TIO TIGRE:
   Una idea brillante y sencilla. Inmóvil y tendido. ¿Comprendes?

TIA TIGRA:
   No, no comprendo.

TIO TIGRE:

Pero es muy fácil. Me quedo inmóvil y tendido, me meto en un cajón, cierro los ojos, tú lloras y pones flores, ¡listo! ¡Estoy muerto! Vienen animales pequeños y sabrosos a mi velorio. Desprevenidos. Llega Tío Conejo, desprevenido también, y entonces... ¡Zuass! Cena de conejo. ¿Has comprendido?

TIA TIGRA:

Ya veo. No está mal. No está nada mal.

(Entra Tío Zorro corriendo.)

TIO ZORRO:

¡Pero aquí no hay nada preparado! ¿Qué han hecho? Ya viene todo el mundo al velorio y ustedes conversando, como si nada.

TIO TIGRE:

Tranquilo, Tío Zorro. Ayúdenos usted a preparar la casa.

(Arreglan la casa con flores y velas. Tío Tigre se coloca en un cajón, sobre una mesa. Al lado se sienta Tía Tigra y ensaya cara de tristeza y llanto. Comienzan a llegar los animales.)

TIA TIGRA:

(Al verlos entrar.)

Ay, ay, ayayayay... Tan bueno que era... Ay, ay, ayayayay... ¿Qué será de mí?

TIO CAIMAN:

(Acercándose al cajón.)

Se ve igualito. Mi sentido pésame, Tía Tigra.

TIO MORROCOY:

(Entra jadeando.)

Lo que me ha costado llegar. Me apuré tanto que no puedo más. ¡Esto sí que es lejos!

TIA TIGRA:

Ay, ay, ay... ayayayay...

TIA LAPA:

Sáquiti, sáquiti... ¿Dónde está el difunto?

Tío Morrocoy
llega cansado
al velorio.

TIA TIGRA:

Aquí, Tía Lapa. Ay, ay, ay.

TIA LAPA:

Se ve de lo más saludable el difunto. Sáquiti, sáquiti...

TIO ZORRO:

Es que de repente se quedó inmóvil y tendido.

TIA LAPA:

Si usted lo dice... pero murió sanito. Sentido pésame, Tía Tigra.

TIA RABIPELADA:

¡Qué desgracia! ¡Qué horror, Tía Tigra! Mis más sentidas condolencias.

TIO CONEJO:

(Entra cauteloso y pregunta en voz baja.)

¿Cómo va el velorio?

TIO CAIMAN:

Regular. El chocolate está aguado.

TIA LAPA:

Y Tía Tigra no me convence. Con un ojo llora y con el otro catea.

(Tío Conejo se acerca al cajón.)

TIA TIGRA:

(Llorando desconsoladamente.)

Ay, ay, ay...ayayayay. Tan bueno que era y se fue a morir. ¿Cómo se murió? ¿Cómo me dejó sola?

(Se desmaya. Tia Rabipelada y Tío Zorro corren a auxiliarla.)

TIO ZORRO:

Cálmese, comadre.

TIO CONEJO:

¿Estará bien muerto Tío Tigre? ¿Alguno de ustedes lo vio morirse?

TIA TIGRA:

(Recuperando el sentido.)

¡Cómo no va a estar muerto! ¡Muerto y bien muerto! Lo dijo Tío Zorro.

Tío Conejo duda de la muerte de Tío Tigre. Tía Tigra llora con un ojo y con el otro catea.

TIO ZORRO:

Claro que está muerto, Tío Conejo. Con esas cosas no se juega.

TIO CONEJO:

Ustedes parecen estar muy seguros, pero se necesita una prueba.

TIA TIGRA y TIO ZORRO:

¿Prueba? ¿Cuál prueba?

TIO CONEJO:

¿Estornudó Tío Tigre en la hora de su muerte? Esto es muy importante. Tigre que no estornuda al morir, es porque está vivo. Eso lo sabe todo el mundo.

TIO ZORRO:

Francamente, no le podría decir... Yo no estaba aquí...

TIA TIGRA:

(Rápidamente.)

Ni yo tampoco.

(Tío Tigre se sacude convulsivamente, levanta la cabeza poco a poco y lanza un gran estornudo.)

TIO CONEJO:

(Riendo y escapando.)

Ya lo sabía yo. Tigre que estornuda es tigre vivo. ¿Quién ha visto muerto estornudando?

TIO TIGRE:

(Salta fuera del cajón enfurecido.)

¡Otra vez! ¡No puede ser! Otra vez se me ha escapado Tío Conejo. Y tú tienes la culpa, Tío Zorro. ¡Allá voy!

(Sale persiguiendo a Tío Zorro y detrás le sigue Tía Tigra.)

TODOS:
(Cantando.)

Entre el tigre y el conejo
hay una gran diferencia:
el uno tiene las garras,
el otro la inteligencia.

Y es por eso que en la historia
de ayer, de hoy, de mañana,
aunque el tigre sea más fuerte
siempre el conejo le gana.

Tío Tigre   Tío Garrapatero   Niño

TIO TIGRE Y EL ARRIERO
obra en una escena

Personajes:
TIO TIGRE
TIO GARRAPATERO
NIÑO
ANCIANO
MUJER
ARRIERO

Anciano Mujer Arriero

ESCENA UNICA

(La acción transcurre en el campo. Hay un árbol y un matorral en el escenario. Próximo al árbol se encuentra Tío Garrapatero cantando y bailando.)

TIO GARRAPATERO:

La guacharaca tuyera
le dijo al cucarachero:
-Para robarme las ñemas
hay que dormirme primero.

Allá viene Tío Tigre y viene hablando solo. Algo se trae entre manos y seguramente no será nada bueno.

(Sigue cantando.)

La guacharaca se duerme
con la cola recogida,
la cabeza bajo el ala
y la malicia perdida.

TIO TIGRE:

(Entrando por el lado opuesto, distraído y hablando solo.)

Es la única carne que no he probado. ¡La única!

(Ve a Tío Garrapatero y se acerca.)

¡Buenos días, Tío Garrapatero!

TIO GARRAPATERO:

¡Buenos días, Tío Tigre!

TIO TIGRE:

Fíjese usted, Tío Garrapatero, en mi larga vida he probado muchas clases de carne, de todo tipo: venado, chigüire, res, danta...

TIO GARRAPATERO:

Ahh, amigo, usted siempre elige lo mejor.

TIO TIGRE:

No lo crea, compadre. Muchas veces como lo que se presente, y uno se aburre de masticar siempre lo mismo.

TIO GARRAPATERO:

¿Cómo? Y entonces, ¿qué es lo que desea?

TIO TIGRE:

Quiero que usted me aconseje. Estoy harto de comer siempre lo mismo y quiero probar cosas nuevas. Y se me ha ocurrido...

TIO GARRAPATERO:
>Vaya diciendo, Tío Tigre.

TIO TIGRE:
>¿Qué diría usted si yo comiera carne humana?

TIO GARRAPATERO:
>¡Carne humana! Tío Tigre, ¿no sabe usted que la carne humana es dura y amarga?

TIO TIGRE:
>Pues no lo sabía. Porque, fíjese usted que mi compadre, Tío Caimán, dice que es muy sabrosa.

TIO GARRAPATERO:
>Quizás, como el caimán come bajo el agua, lo amargo se le lava y la dureza se ablanda.

TIO TIGRE:
>De todas maneras, yo quisiera probar...

TIO GARRAPATERO:
>No se lo aconsejo, Tío Tigre.

TIO TIGRE:
>Pero una sola vez, tan sólo una vez.

TIO GARRAPATERO:
>Si lo hace, verá que le va a pesar.

TIO TIGRE:
>Total, si la carne no tiene buen gusto, con lavarme la boca basta.

TIO GARRAPATERO:
>Si está tan empeñado en comer carne humana, ¿qué puedo hacer yo?

TIO TIGRE:
>Puede decirme qué clase de hombre me conviene comer. Cuál es el menos amargo y más blando.

TIO GARRAPATERO:
>Entonces, Tío Tigre, busque un arriero, es lo mejor.
>
>(Sale riendo y cantando.)

TIO TIGRE:

(Pensativo.)

Carne de arriero. Carne de arriero. Eso suena bien. Debe ser muy rica esta carne de arriero. ¡Y qué hambre tengo! Tengo que encontrar un arriero inmediatamente. Me voy a esconder en este matorral a esperar.

(Se esconde tarareando.)

Arrierito, arrierito, ven…

(Por el lado opuesto, entra el Niño con un haz de leña.)

NIÑO:

¡Qué cansado vengo con esta carga de leña! Pero mi mamá la necesita para cocinar. Voy a descansar un rato.

(Aparece Tío Tigre desde atrás del matorral. El Niño, al verlo, se asusta.)

¡Tío Tigre! ¡Qué susto me diste!

TIO TIGRE:

Dime, ¿qué clase de hombre eres tú?

NIÑO:

¿Hombre? Ja, ja. Yo no soy un hombre, Tío Tigre. Soy un niño.

TIO TIGRE:

Entonces, no me interesas. Sigue tu camino.

(El Niño recoge la leña y sale.)

Allá viene otro. Ese sí tiene tamaño suficiente, pero viene muy lento. Me voy a esconder mientras llega.

(Entra el Anciano, encorvado y con paso lento. Tío Tigre lanza un rugido. El Anciano continúa impasible. Tío Tigre ruge aún más fuerte. El Anciano no reacciona.)

¿Qué le pasa a éste que no me oye? ¿Será sordo?

(Toca al anciano por la espalda. El Anciano se da vuelta.)

Dígame, compañero, ¿qué clase de hombre es usted?

ANCIANO:

¿Hambre?

TIO TIGRE:

¡No! ¡He dicho hombre!

ANCIANO:
>No, no tengo alambre.

TIO TIGRE:
>No sea bruto. Le digo HOMBRE.

ANCIANO:
>Sí, sí tengo calambre. Por eso, camino así.

TIO TIGRE:
>(Exasperado y gritando.)
>
>¡Hombre, le digo que qué clase de hombre es usted!

ANCIANO:
>(Molesto.)
>
>No me grite, que no soy sordo.

TIO TIGRE:
>Le pregunto que qué clase de hombre es usted.

ANCIANO:
>Ojalá lo fuera. No soy más que un pobre viejo que lleva una vida dura y amarga.

TIO TIGRE:
>¡Dura y amarga! Eso sí que no. Usted no me conviene.
>
>(En voz alta y molesta.)
>
>¡Siga su camino!

ANCIANO:
>Pepinos, yo no vendo pepinos.

TIO TIGRE:
>(Más alto aún.)
>
>Le digo que siga su camino.

ANCIANO:
>Ya le dije que no me grite porque no soy sordo.
>
>(Sale el Anciano y Tío Tigre lanza un suspiro de alivio.)

TIO TIGRE:
>(Oteando el camino.)
>
>Allá viene otro. Ahora sí que no puedo equivocarme.
>
>(Entra la Mujer que viene distraída cantando y al ver al Tigre, da un grito horrorizada.)

El anciano no oye a Tío Tigre.

MUJER:

¡Socorro! ¡Socorro! ¡El tigre!

TIO TIGRE:

¡Calla, mujer escandalosa! Vas a alborotar a medio mundo. Sigue tu camino.

(Sale la Mujer corriendo y gritando. El Arriero entra cantando.)

ARRIERO:

(Canta)

...Yo no soy de por aquí,

oiga compadre,

yo soy de Barquisimeto;

naiden se meta conmigo,

anda, caramba,

que yo con naiden me meto.

TIO TIGRE:

Amigo, amigo. Tú debes ser la persona que yo esperaba. ¿Eres, por ventura, un arriero?

ARRIERO:

Así es, Tío Tigre. ¿En qué puedo servirle?

TIO TIGRE:

Servirme...servirme... pues me vas a servir de desayuno, almuerzo y cena. No he comido en todo el día.

(Salta sobre el Arriero, pero éste es más rápido y logra esquivarlo.)

ARRIERO:

Poco a poco, Tío Tigre. No es muy agradable lo que usted me dice, pero yo entiendo que usted tenga mucha hambre. Y ya que me va a comer, y hasta aquí llegaron mis días, antes de que me coma quiero pedirle un favor.

TIO TIGRE:

Anda, dilo. Me caes simpático y te lo concederé.

ARRIERO:

Quiero bañarme en el río.

TIO TIGRE:

Está bien. Concedido.

(Aparte.)

Qué bien, así se le sale lo amargo y se le ablanda la carne.

(El Arriero se mete entre el matorral y Tío Tigre se sienta a esperar. Luego de un rato, se pasea, impaciente y se vuelve a sentar.)

¡Arriero! ¡Apúrate, que me muero de hambre!

ARRIERO:

(Detrás del matorral.)

Ya voy, Tío Tigre. Pero es que estoy desnudo. Usted ha sido tan bueno que no me negará un último favor.

TIO TIGRE:

(Fastidiado.)

¿Cuál favor? ¡Habla pronto!

ARRIERO:

Es que estoy desnudo. No quiero presentarme así delante de usted. Dese media vuelta mientras yo me pongo la ropa.

TIO TIGRE:

(Aparte.)

¡Qué tonto! De todas maneras, desnudo o vestido, me lo voy a comer.

(Dando la espalda al matorral y en voz alta.)

¡Concedido!

(El Arriero sale del matorral con un palo en la mano. Agarra la cola del Tigre y comienza a vapulearlo. El Tigre ruge y trata de darse vuelta para atrapar al Arriero, pero como éste le tiene la cola agarrada, no puede. El Arriero lo golpea, hasta que el Tigre cae al suelo y victorioso sale cantando.)

ARRIERO:

Yo no soy de por aquí,

oiga, compadre,

yo soy de Barquisimeto;

naiden se meta conmigo,

anda, caramba,

que yo con naiden me meto.

(El Tigre queda aturdido y tarda un poco en recobrar el sentido. Empieza a arrastrarse cuando aparece el Garrapatero.)

TIO GARRAPATERO:

(Aparte.)

¿Qué le pasaría a Tío Tigre? Seguro que el arriero le dio una paliza...

(A Tío Tigre.)

¡Tío Tigre! ¡Qué barbaridad! ¿Qué le ha sucedido? ¿Por qué está tan maltrecho?

TIO TIGRE:

Usted tenía razón, Tío Garrapatero. ¡Qué amarga es la carne humana!

TIO GARRAPATERO:

(Posándose sobre Tío Tigre)

Yo se lo había dicho.

TIO TIGRE:

Por favor, Tío Garrapatero, tenga la bondad de quitárseme de encima, que no puedo ni siquiera con el peso de usted.

(Tío Tigre sale arrastrándose, mientras Tío Garrapatero lo sigue, entonando una melodía.)